Spielerisch Deutsch lernen

neue Geschichten

Wortschatz-Trainer
Grundwortschatz

Autoren: Marion Techmer, Maximilian Löw
Illustrationen: Irmtraud Guhe

Hueber Verlag

3. 2. 1.   Die letzten Ziffern
2020 19 18 17 16   bezeichnen Zahl und Jahr des Druckes.
Alle Drucke dieser Auflage können, da unverändert,
nebeneinander benutzt werden.
1. Auflage
© 2016 Hueber Verlag GmbH & Co. KG, München, Deutschland
Umschlaggestaltung: creative partners gmbh, München
Coverbild und Zeichnungen: Irmtraud Guhe, München
Layout und Satz: Sieveking • Agentur für Kommunikation, München und Berlin
Verlagsredaktion: Hans Hillreiner und Elisa Klüber, Hueber Verlag, München
Druck und Bindung: Stürtz GmbH, Würzburg
Printed in Germany
ISBN 978-3-19-309470-4

Art. 530_23289_001_01

Inhalt

Vorwort

Spielerisch Deutsch lernen – Wortschatz-Trainer, Grundwortschatz
(The playful approach to learning German – Vocabulary trainer, basic vocabulary)

→ For children with basic writing skills using block letters.
→ For children with a good command of spoken German who still have problems with writing or are uncertain about the correct use of the articles.
→ For learning at home and at school.

The children learn and practice important words needed for everyday life covering the topics colours, numbers, school articles, clothing, parts of the body, feelings, hobbies and leisure time, family, weekdays, fruit, vegetables and breakfast. The large number of pictures, puzzles and situations taken from their everyday life mean that the children enjoy a playful approach to learning the language. The tasks are designed so that the children can carry them out independently.

→ In each of the 12 chapters 9 to 14 words are introduced on a topic.
→ First of all the words are traced and then written with articles. On the opposite page the children practice the vocabulary.
→ Standard forms for block letters as well as predefined types of ruled paper support the process of learning to write.
→ All words and mini-dialogue are available for download free of charge at www.hueber.de/audioservice, allowing the correct pronunciation of the vocabulary to be practised as well.
→ After every four chapters there is a double-page spread "What I am already able to do in German". Here the children repeat the vocabulary learned and determine their progress.
→ In the appendix there is an answer key for each exercise and a list of words with the corresponding syllabification rules structured according to the chapters.

Spielerisch Deutsch lernen – Wortschatz-Trainer, Grundwortschatz
(Apprendre l'allemand en s'amusant — Entraîneur de vocabulaire, vocabulaire de base)

→ Pour les enfants qui possèdent des connaissances de base de l'écriture en caractères d'imprimerie.
→ Pour les enfants qui ont de bonnes connaissances de l'allemand à l'oral, mais manquent d'assurance à l'écrit ou dans l'utilisation des articles.
→ Pour apprendre et s'exercer à la maison et à l'école.

Les enfants apprennent et améliorent le vocabulaire essentiel de la vie quotidienne sur le thème des couleurs, des nombres, des fournitures scolaires, des vêtements, des parties du corps, des sentiments, des loisirs et du temps libre, de la famille, des jours de la semaine, des fruits, des légumes et du petit-déjeuner. Les nombreuses images colorées, les devinettes et les situations familières du quotidien amusent les enfants — ils apprennent la langue de manière ludique. Tous les exercices sont conçus de manière à ce que les enfants puissent travailler en toute autonomie.

→ Dans chacun des 12 chapitres, 9 à 14 nouveaux mots sont introduits sur un thème particulier.
→ Les mots doivent tout d'abord être écrits en suivant un modèle puis être écrits avec l'article. Les enfants peuvent améliorer leur vocabulaire sur la page opposée.
→ Des modèles de caractères d'imprimerie et des lignes préimprimées favorisent l'apprentissage de l'écriture.
→ Tous les mots et les minidialogues peuvent être téléchargés gratuitement sur www.hueber.de/audioservice. Ainsi, les enfants peuvent également s'entraîner à la bonne prononciation.
→ À la fin de chaque série de quatre chapitres suit une double page « Ce que je sais déjà en allemand ». Les enfants répètent le vocabulaire appris et constatent les progrès qu'ils ont faits.
→ En annexe se trouvent la solution des exercices et une liste de vocabulaire classée par chapitre avec division syllabique.

Vorwort

Spielerisch Deutsch lernen – Wortschatz-Trainer, Grundwortschatz

تَعلُم الألـمانية بطريقة مُسلّية – تدريب على الـمفردات، الكلمات الأساسية

← للأطفال، ذَوي الـمعرفة الأساسية في الكتابة بحروف منفصلة.

← للأطفال، ذَوي القُدرة الجيدة على الكلام بالألمانية، ولكنهم ما زالوا غير واثقين من قدرتهم على الكتابة أو من الاستخدام الصحيح لأدوات التعريف.

← للتَّعَلُم والتمرين في الـمنزل وفي الـمدرسة.

يتعلم الأطفال ويتمرنون على الكلمَات اليومية الـمُهمَّة حول مواضيع الألوان والأرقام واللَّوازم الـمدرسية والـملابس وأعضاء الجسم والـمشاعر والهوايات والترفيه والأسرة وأيام الأسبوع والخضار والفواكه ووجبة الفطور. الصور الـملونة والألغاز ومواقف الحياة اليومية الكثيرة تَجلِب للأطفال الـمُتْعة – وتجعلهم يتعلمون اللغة بطريقة مُسلّية. وقد صُمِّمَتْ الواجبات والوَظائف بحيث يَتَمَكَّن الأطفال من التعامُل معها بشكل مُسْتَقِلّ.

← في كل فصْل من الفُصول الـ 12 توجَد 9 إلى 14 كلمة حول موضوع مُعَيَّن.

← أولاً يتم تَتَبُّع طريقة رسْم حروف كل كلمة، ثم تتم كتابة الكلمة مع أداة التعريف الخاصة بها. وفي الصفحة الـمُجَاورة يتم التدرُّب على الكلمَات الجديدة.

← على كل حرف مُنْفَصل توجَد أسْهُم وخطوط توضيحية تُبيّن اتجاهات كتابة الحرف لتسهيل تَعَلُّم الكتابة.

← جميع الكلمات والحوارات القصيرة بالإمكان تنزيلها من الإنترنت مجَاناً من هذا الـموقع: www.hueber.de/audioservice وذلك من أجل التدرُّب على النُّطْق الصحيح للكلِمات.

← بعد كل أربعة فصول توجَد صفحتان اثنتان تحت عنوان: Was ich schon auf Deutsch kann، أي: "هذا مَا أقْدِر عليه في الألـمانية"، وهنا يُراجع الأطفال الكلمات التي تَعلموها ويَرَوْنَ خطوات تقَدُّمِهم في العملية التعليمية.

← في الـمُلحَق في نهاية الكتاب توجد حُلُول جميع التمارين وقائمة بالكلِمات مُرتَّبة بحسب الفصول التعليمية. الـمقاطع الصوتية في كُلّ كلمة مَفْصُولَة وموضَّحَة.

Spielerisch Deutsch lernen – Wortschatz-Trainer, Grundwortschatz

یاد گیری زبان آلمانی از طریق بازی – تمرین واژه ها، واژه های پایه

← برای کودکانی که دانش پایة نوشتن خط چاپی را دارند.

← برای کودکانی که دانش شفاهی خوبی در زبان آلمانی دارند، اما در نگارش و استفاده صحیح از حروف تعریف هنوز نامطمئن هستند.

← برای یادگیری و تمرین در خانه و مدرسه.

کودکان مهمترین واژه های روزمره را در ارتباط با موضوعات زیر می آموزند: رنگ ها، اعداد، لوازم مدرسه، لباس ها، اجزای بدن، احساسات، تفریحات و اوقات فراغت، خانواده، روزهای هفته، میوه، سبزیجات و صبحانه. تصاویر متعدد رنگی، معما ها و شرایطی از زندگی روزمرة کودکان باعث سرگرمی آنها می شود – و به اینوسیله زبان را از طریق بازی می آموزند. تکالیف طوری طراحی شده اند که کودکان بتوانند آنها را مستقلا انجام دهند.

← در هر یک از ۱۲ فصل ۹ تا ۱۴ کلمه در ارتباط با موضوعی خاص معرفی می شوند.

← کلمات می بایست نخست بر روی خطوط از پیش تعیین شده ترسیم، سپس با حرف تعریف نوشته شوند. کلمات در صفحه مقابل تمرین کرده می شوند.

← راهنمای نگارش خط چاپی به همراه خطوط ترسیم حروف، جریان یادگیری نگارش را حمایت می کنند.

← همه کلمات و گفتگوهای کوتاه را می توانید به رایگان از روی صفحه اینترنتی انتشارات هوبر با آدرس زیر دانلود کنید تا در عین حال تلفظ صحیح کلمات نیز تمرین کرده شوند:

www.hueber.de/audioservice

← بعد از هر چهار فصل، دو صفحه با عنوان « آنچه که در حال حاضر در زبان آلمانی می دانم» می آید. در این قسمت کودکان واژه های آموخته شده را تکرار می کنند و می بینند چه پیشرفتی در یادگیری داشته اند.

← در ضمیمه، کلیدی برای حل همه تمرین ها و نیز فهرستی ساختارمند از کلمات بر اساس فصول با فواصل هجایی تعبیه شده اند.

Vorwort

Liebe Eltern, liebe Lehrerinnen und Lehrer, liebe Ehrenamtliche,

dieses Heft eignet sich für Kinder ab dem Grundschulalter, die Basiskenntnisse beim Schreiben der Druckschrift besitzen. Die Kinder lernen und üben wichtigen Grundwortschatz und wenden ihn in einfachen und für sie relevanten Situationen an.

Das Heft ist für den Einsatz in Willkommens- und Übergangsklassen, Förderstunden an Regelschulen, für die Sprachförderung und den Sprachunterricht durch Ehrenamtliche konzipiert und ist besonders für das selbstständige Lernen zu Hause und in der Schule geeignet. Es empfiehlt sich auch zur Sprachförderung in Regelklassen, wenn Schülerinnen und Schüler mit Deutsch als Zweitsprache gute mündliche Deutschkenntnisse haben, aber Förderung in der Schreibkompetenz brauchen und/oder beim korrekten Verwenden der Artikel noch unsicher sind. Die vorgegebene Lineatur unterstützt das Lernen einer formklaren und lesbaren Schrift.

Das Heft ist folgendermaßen strukturiert: Jedes der zwölf doppelseitigen Kapitel führt mithilfe von Bildern auf der linken Seite 9 bis 14 Wörter zu einem Thema ein. Das abgebildete Wort soll zuerst nachgespurt und dann mit Artikel abgeschrieben werden. Auf der rechten Seite wird der eingeführte Wortschatz geübt. Die Übungen enthalten typische Wort-Verb-Kombinationen in einfachen Sätzen sowie kurze Dialoge aus der Lebenswelt der Kinder.

Alle Wörter und Minidialoge stehen unter www.hueber.de/audioservice als kostenloser MP3-Download zur Verfügung. So kann die richtige Aussprache des Wortschatzes bei Bedarf selbstständig oder mithilfe eines Erwachsenen gelernt, überprüft oder kontrolliert werden.

Ein Lösungsschlüssel und eine Wörterliste mit Silbentrennung im Anhang unterstützen die Kinder beim selbstständigen Lernen.

Nach jeweils vier Kapiteln folgt eine Doppelseite „Was ich schon auf Deutsch kann". Hier wiederholen und festigen die Kinder den gelernten Wortschatz, indem sie ihn noch einmal sprechen und schreiben. Zu jedem Wortschatz-Thema gibt es zwei Ampeln. Eine für die Fertigkeit Sprechen und eine für die Fertigkeit Schreiben. Hier können sich die Kinder selbst einschätzen oder durch einen Erwachsenen Rückmeldung bekommen, welche Lernfortschritte sie gemacht haben.

Machen Sie den Kindern ihre Lernerfolge bewusst. Lernerfolge motivieren, deshalb können Sie die Kinder nicht oft genug loben. Auf diese Weise fördern Sie auch das kindliche Selbstvertrauen.

Viel Freude und Erfolg mit „Spielerisch Deutsch lernen" wünschen
Autoren und Verlag

Zeichenerklärungen und Richtformen

Das bedeuten die Zeichen

 Diese Wörter und Sätze kannst du anhören:
www.hueber.de/audioservice.

 Schreibe bitte.   Schaue bitte auf die Bilder.

 Sprich bitte.   Lies bitte.   Male bitte.

3 Die roten Übungen sind etwas schwieriger.

Pl. heißt Plural (= Mehrzahl): der Fuß – die Füße (Pl.)

Richtformen für die Druckschrift

A a   B b   C c   D d

E e   F f   G g   H h

I i   J j   K k   L l

M m   N n   O o   P p

Qu qu   R r   S s   T t

U u   V v   W w   X x

Y y   Z z

Ä ä   Ö ö   Ü ü   ß

Farben

1 **Spure nach und schreibe.**

die Farbe

die Farbe

die Farben (Pl.)

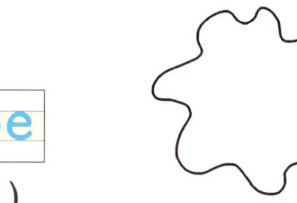 weiß

 gelb

 orange

 rot

 rosa

 lila

 grün

 blau

 braun

 grau

 schwarz

2 **Kreuze an.**

 gelb (X)

grün ◯

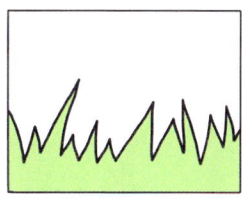 blau ◯

grün ◯

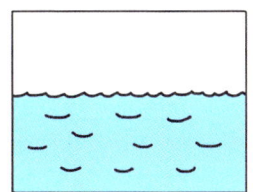 rot ◯

blau ◯

 braun ◯

lila ◯

 grau ◯

orange ◯

 weiß ◯

rot ◯

 orange ◯

rosa ◯

 blau ◯

schwarz ◯

 3 **Schreibe die Farbe.**

 Schokolade ist  braun .

 Orangen sind _____ .

 Bananen sind  _____ .

 Die Rose ist _____ .

 Schnee ist  _____ .

Zahlen von 0 bis 10

1 Spure nach und schreibe.

9 2 8 6   die Zahl

die Zahl

die Zahlen (Pl.)

0   null

1   eins

2   zwei

3   drei

4   vier

5   fünf

6   sechs

7   sieben

8   acht

9   neun

10   zehn

2 **Male mit der richtigen Farbe.**

Die Zahl eins ist rot.
Die Zahl zwei ist blau.
Die Zahl drei ist lila.
Die Zahl vier ist rosa.
Die Zahl fünf ist gelb.
Die Zahl sechs ist grau.
Die Zahl sieben ist braun.
Die Zahl acht ist schwarz.
Die Zahl neun ist grün.
Die Zahl zehn ist orange.

 3 **Schreibe die Zahl.**

   fünf

4 **Rechne und schreibe.**

drei + sieben = zehn   eins + acht =

sechs – vier =   drei – zwei =

Schulsachen

1 Spure nach und schreibe.

die Schultasche
die Schultasche
die Schultaschen (Pl.)

der Schnellhefter
die Schnellhefter (Pl.)

das Buch
die Bücher (Pl.)

das Mäppchen
die Mäppchen (Pl.)

das Heft
die Hefte (Pl.)

der Kleber
die Kleber (Pl.)

der Bleistift
die Bleistifte (Pl.)

das Lineal
die Lineale (Pl.)

der Füller
die Füller (Pl.)

die Schere
die Scheren (Pl.)

der Radiergummi
die Radiergummis (Pl.)

der Computer
die Computer (Pl.)

2 **Schreibe die Zahl.**

1. Schultasche
2. Bücher
3. Heft
4. Lineal
5. Füller
6. Bleistift
7. Radiergummi
8. Computer
9. Schere
10. Kleber

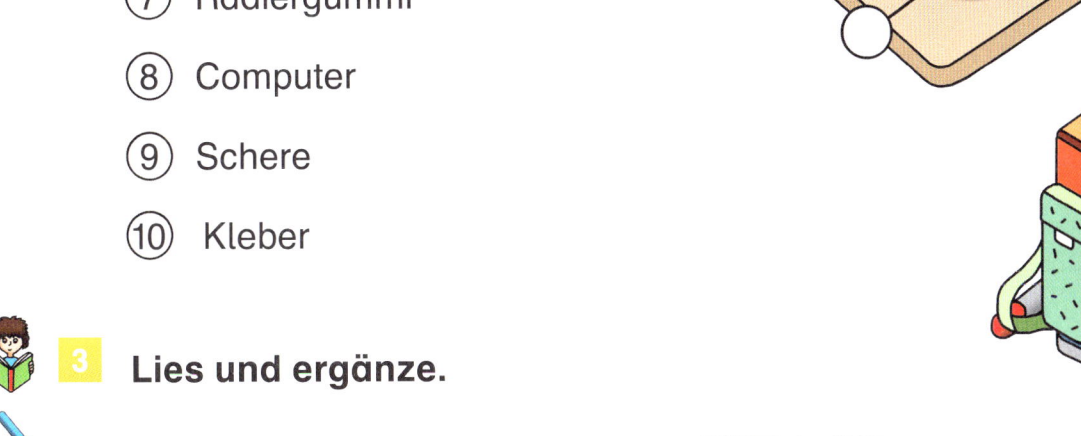

 3 **Lies und ergänze.**

Gib mir bitte den Kleber.

Hier bitte.

Danke.

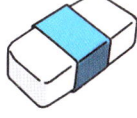 Gib mir bitte den _____ .

Gib mir bitte die _____ .

Gib mir bitte das _____ .

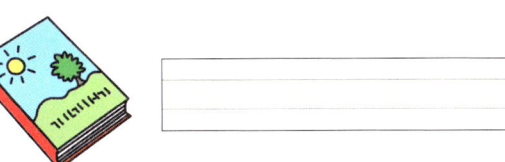

Kleidung

1 Spure nach und schreibe.

die Jeans (Pl.)

die Jeans

die Socke

die Socken (Pl.)

das T-Shirt

die T-Shirts (Pl.)

die Mütze

die Mützen (Pl.)

der Pullover

die Pullover (Pl.)

die Shorts (Pl.)

das Kleid

die Kleider (Pl.)

der Schal

die Schals (Pl.)

die Hose

die Hosen (Pl.)

die Jacke

die Jacken (Pl.)

der Schuh

die Schuhe (Pl.)

die Kappe

die Kappen (Pl.)

2 Was ist das? Ergänze und verbinde.

die J e a n s

die S _ _ _ _ _ _

das K _ _ _ _ _

das T- _ _ _ _ _ _

die K _ _ _ _ _

der P _ _ _ _ _ _ _

die Sch _ _ _

der S _ _ _ _ _

3 Lies und ergänze.

🙂 Super!   😐 Okay.   🙁 Nicht so schön.

Wie findest du das
T-Shirt ?

🙂 **Super!**

Wie findest du die [jeans] ?

😐 [_____] .

Wie findest du die [sneakers] ?

🙁 [_____] .

Was ich schon auf Deutsch kann

👄 **Ich kann die Farben nennen.**

☐ ☐ ☐ ☐ ☐

☐ ☐ ☐ ☐ ☐

✏️ **Ich kann die Farben schreiben.**

👄 **Ich kann die Zahlen nennen.**

⓪ ☐ ① ☐ ② ☐ ③ ☐ ④ ☐ ⑤ ☐

⑥ ☐ ⑦ ☐ ⑧ ☐ ⑨ ☐ ⑩ ☐

✏️ **Ich kann die Zahlen schreiben.**

👄 **Ich kann die Schulsachen nennen.**

⬜ ⬜ ⬜ ⬜ ⬜ ⬜

⬜ ⬜ ⬜ ⬜ ⬜ ⬜

✏️ **Ich kann die Schulsachen mit Artikel schreiben.**

✏️ **Ich kann die Kleidungsstücke nennen.**

⬜ ⬜ ⬜ ⬜ ⬜ ⬜

⬜ ⬜ ⬜ ⬜ ⬜ ⬜

✏️ **Ich kann die Kleidungsstücke mit Artikel schreiben.**

Körperteile

1 **Spure nach und schreibe.**

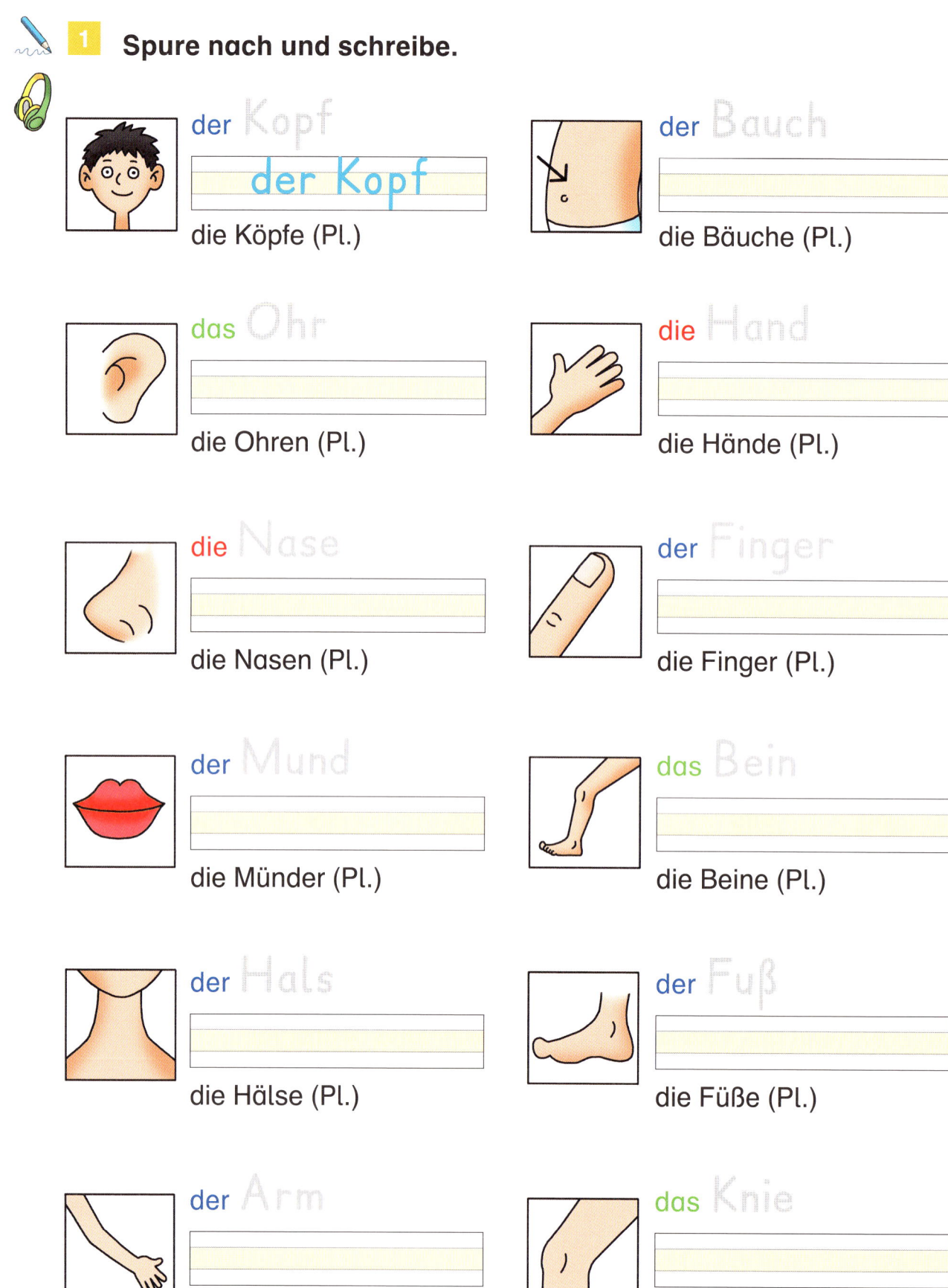

der Kopf

der Kopf

die Köpfe (Pl.)

der Bauch

die Bäuche (Pl.)

das Ohr

die Ohren (Pl.)

die Hand

die Hände (Pl.)

die Nase

die Nasen (Pl.)

der Finger

die Finger (Pl.)

der Mund

die Münder (Pl.)

das Bein

die Beine (Pl.)

der Hals

die Hälse (Pl.)

der Fuß

die Füße (Pl.)

der Arm

die Arme (Pl.)

das Knie

die Knie (Pl.)

2 **Verbinde.**

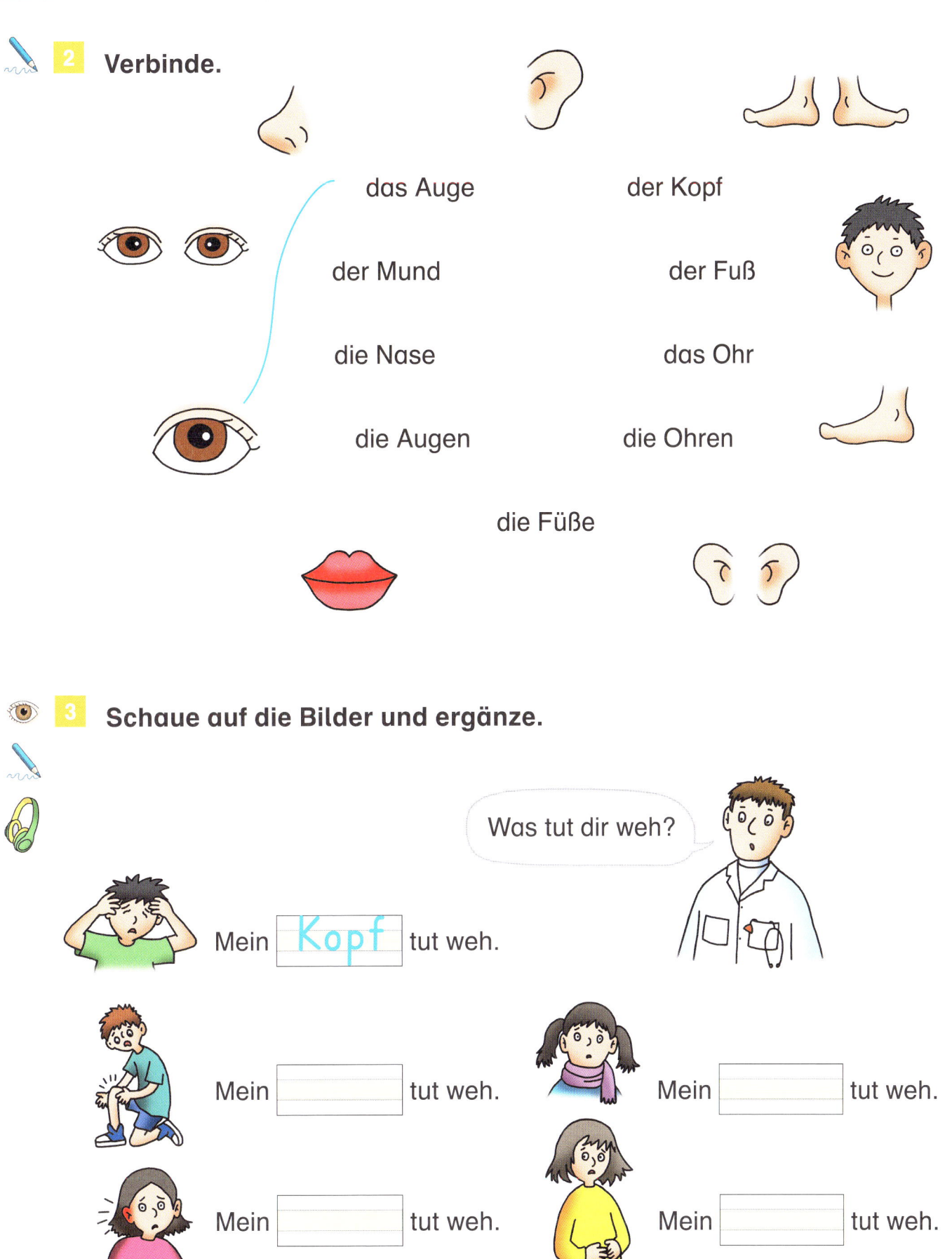

das Auge   der Kopf

der Mund   der Fuß

die Nase   das Ohr

die Augen   die Ohren

die Füße

3 **Schaue auf die Bilder und ergänze.**

Was tut dir weh?

Mein Kopf tut weh.

Mein _____ tut weh.   Mein _____ tut weh.

Mein _____ tut weh.   Mein _____ tut weh.

Gefühle

1 **Spure nach und schreibe.**

glücklich

glücklich

verliebt

erschrocken

hungrig

traurig

durstig

müde

beleidigt

erschöpft

wütend

2 **Finde zehn Gefühle.**

h	u	n	g	r	i	g	q	e	w
v	e	r	l	i	e	b	t	r	a
r	t	z	e	u	i	o	p	s	e
s	d	f	r	g	w	h	j	c	k
l	y	x	s	m	ü	d	e	h	c
v	d	b	c	n	t	m	q	r	w
e	u	r	h	t	e	z	t	o	u
i	r	o	ö	p	n	a	r	c	s
d	s	f	p	g	d	h	a	k	j
k	t	l	f	y	x	c	u	e	v
b	i	n	t	m	q	w	r	n	e
r	g	l	ü	c	k	l	i	c	h
b	e	l	e	i	d	i	g	t	r
t	z	u	i	o	p	a	s	d	f

 3 **Unterstreiche die richtige Lösung.**

 Erol ist hungrig/erschrocken und glücklich/durstig.

David ist erschöpft/verliebt und müde/wütend.

  Diara und Amir sind traurig/verliebt.

Maria ist glücklich/beleidigt.

 Max ist wütend/durstig.

Hobbys und Freizeit

1 **Spure nach und schreibe.**

 Rad fahren

Rad fahren

 schwimmen

Computerspiele spielen

 Skateboard fahren

 Fußball spielen

Gitarre spielen

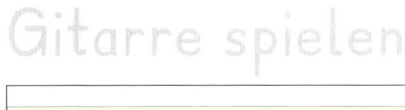 Musik hören

lesen

Ski fahren

  Freunde treffen

2 **Verbinde.**

Freunde treffen    Musik hören

schwimmen   Gitarre spielen

Rad fahren Ski fahren

Fußball spielen    Computerspiele spielen

Skateboard fahren   lesen

 3 **Was machst du?**

 Ich spiele Computerspiele .

 Ich fahre _____ .  Ich spiele _____ .

 Ich treffe _____ .  Ich höre _____ .

 Ich spiele _____ .  Ich _____ .

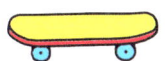 Ich fahre _____ .  Ich _____ .

Familie

1 **Spure nach und schreibe.**

die Familie
die Familie
die Familien (Pl.)

der Vater

die Väter (Pl.)

der Großvater

die Großväter (Pl.)

die Mutter

die Mütter (Pl.)

die Großmutter

die Großmütter (Pl.)

der Bruder

die Brüder (Pl.)

die Großeltern (Pl.)

die Eltern (Pl.)

die Schwester

die Schwestern (Pl.)

2 **Verbinde.**

der Vater   die Mutter   der Bruder

die Schwester   der Großvater   die Großmutter

 3 **Ergänze.**

 4 **Und du?**

Mein Vater heißt _____ .

Meine Mutter heißt _____ .

Mein Bruder heißt _____ .

Meine Schwester heißt _____ .

25

Ich kann die Körperteile nennen.

Ich kann die Körperteile mit Artikel schreiben.

Ich kann die Gefühle nennen.

Ich kann Wörter für Gefühle schreiben.

Ich kann Hobbys und Aktivitäten nennen. □ □ □ □ □ □ □ □ □ □

Ich kann Hobbys und Aktivitäten schreiben.

Ich kann Familienmitglieder nennen. □ □ □ □ □ □ □ □ □

Ich kann die Familienmitglieder mit Artikel schreiben.

27

Wochentage

 1 **Spure nach und schreibe.**

die Woche

die Woche

die Wochen (Pl.)

 der Montag

die Montage (Pl.)

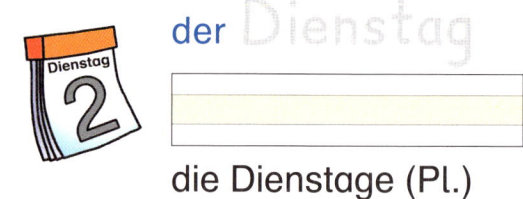 der Dienstag

die Dienstage (Pl.)

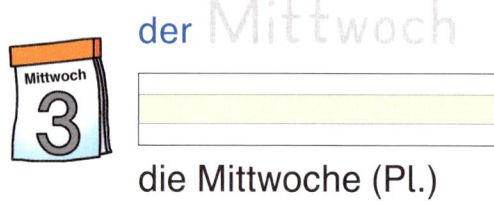 der Mittwoch

die Mittwoche (Pl.)

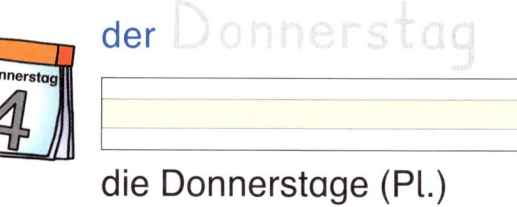 der Donnerstag

die Donnerstage (Pl.)

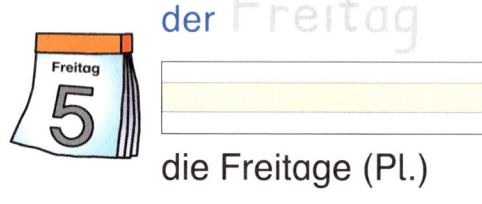 der Freitag

die Freitage (Pl.)

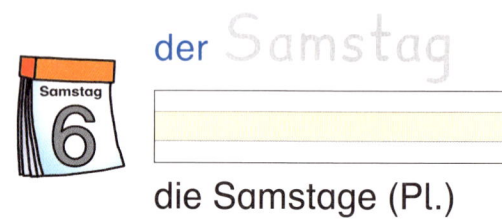 der Samstag

die Samstage (Pl.)

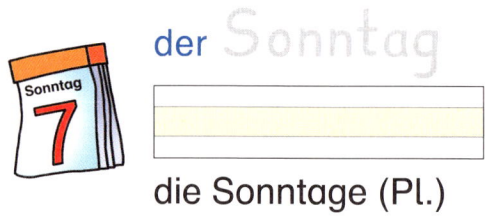 der Sonntag

die Sonntage (Pl.)

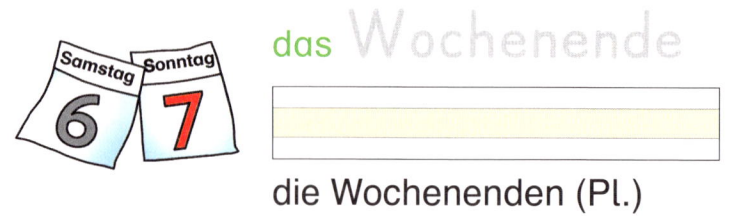 das Wochenende

die Wochenenden (Pl.)

2 **Ergänze.**

Montag

Dienstag

Mittwoch

Donnerstag

Samstag

Sonntag

Dienstag

Mittwoch

Freitag

 3 **Kreuze an.**

Montag	Dienstag	Mittwoch	Donnerstag	Freitag	Samstag	Sonntag

Am Montag und am Freitag spiele ich Fußball. [X] ja ☐ nein

Am Dienstag spiele ich Computerspiele. ☐ ja ☐ nein

Am Mittwoch treffe ich Freunde. ☐ ja ☐ nein

Am Donnerstag fahre ich Skateboard. ☐ ja ☐ nein

Am Samstag fahre ich Rad. ☐ ja ☐ nein

Am Sonntag fahre ich Rad. ☐ ja ☐ nein

Obst

1 **Spure nach und schreibe.**

das Obst

das Obst

die Erdbeere

die Erdbeeren (Pl.)

der Apfel

die Äpfel (Pl.)

die Traube

die Trauben (Pl.)

die Birne

die Birnen (Pl.)

die Ananas

die Ananas (Pl.)

die Kirsche

die Kirschen (Pl.)

die Melone

die Melonen (Pl.)

die Orange

die Orangen (Pl.)

die Banane

die Bananen (Pl.)

die Pflaume

die Pflaumen (Pl.)

die Zitrone

die Zitronen (Pl.)

2 Ergänze.

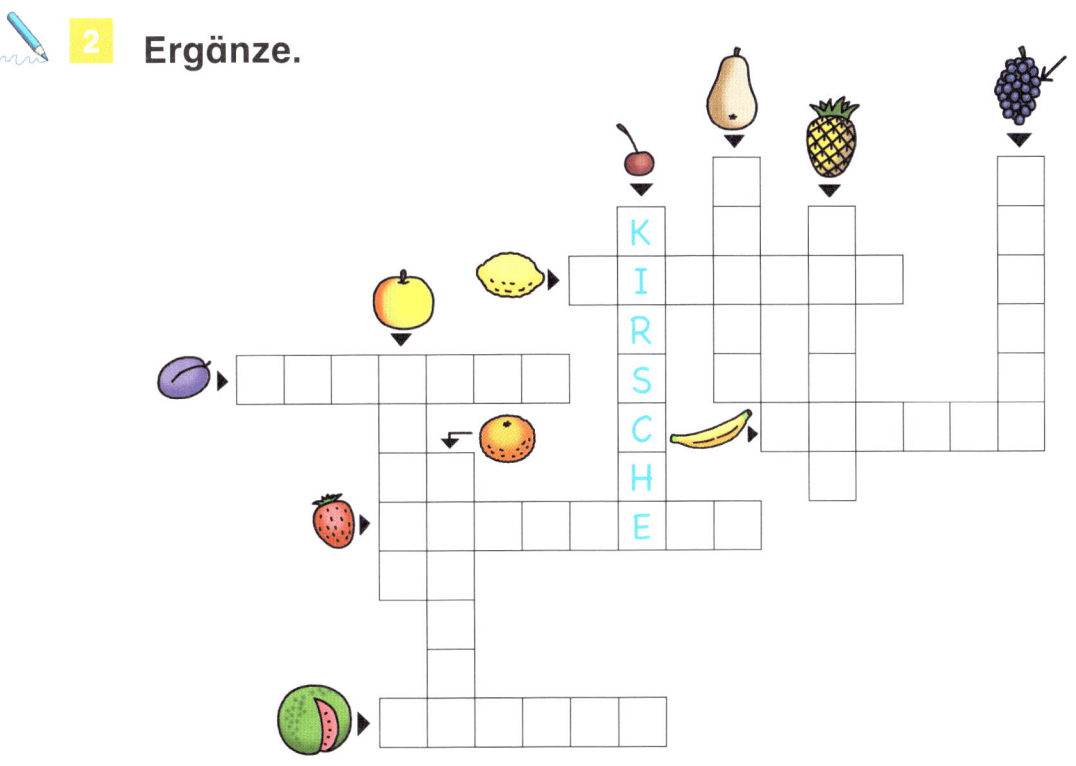

3 Was magst du? Kreuze an und schreibe.

Ich mag _____ .

Ich mag _____ .

Ich mag _____ .

Ich mag _____ .

Ich mag _____ .

Gemüse

1 **Spure nach und schreibe.**

das Gemüse

das Gemüse

der Salat

die Salate (Pl.)

die Karotte

die Karotten (Pl.)

die Gurke

die Gurken (Pl.)

die Paprika

die Paprika (Pl.)

die Zwiebel

die Zwiebeln (Pl.)

die Tomate

die Tomaten (Pl.)

die Erbse

die Erbsen (Pl.)

die Zucchini

die Zucchini (Pl.)

der Pilz

die Pilze (Pl.)

der Brokkoli

die Brokkoli (Pl.)

die Kartoffel

die Kartoffeln (Pl.)

Für die Gemüsesuppe brauchen wir:

zwei Z w i e b e l n , vier ☐☐☐☐☐☐ ,

einen ☐☐☐☐☐☐☐ , zwei ☐☐☐☐☐☐☐ ,

fünf ☐☐☐☐☐☐☐☐ und Salz.

 3 **Wer mag was?**

| Laura | Amir | Erol | Amelie | Elke | Samira |

Laura mag Salat .

Amir mag _____ .

Erol mag _____ .

Amelie mag _____ .

Elke mag _____ .

Samira mag _____ .

Frühstück

1 **Spure nach und schreibe.**

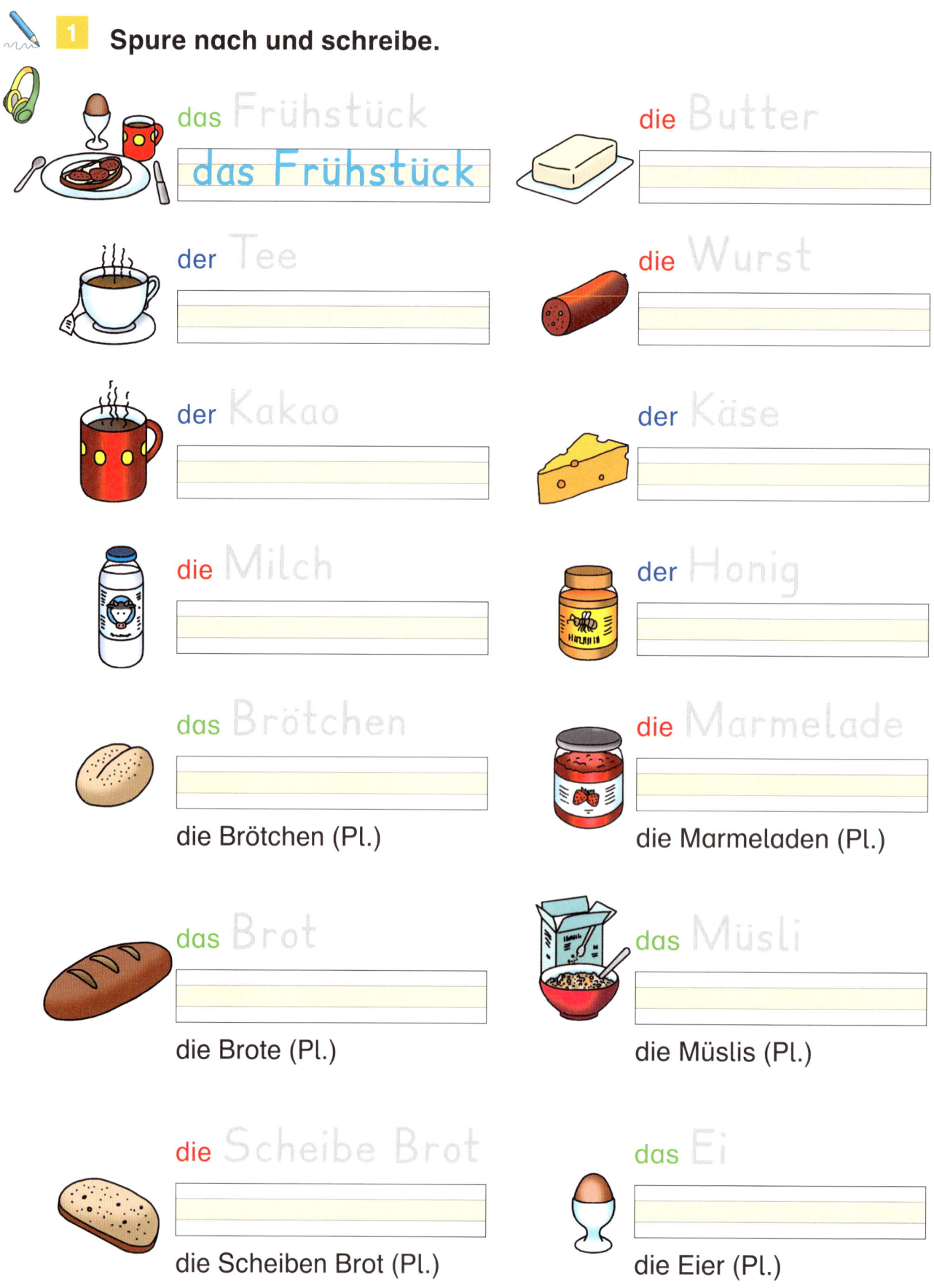

das Frühstück

das Frühstück

die Butter

der Tee

die Wurst

der Kakao

der Käse

die Milch

der Honig

das Brötchen

die Brötchen (Pl.)

die Marmelade

die Marmeladen (Pl.)

das Brot

die Brote (Pl.)

das Müsli

die Müslis (Pl.)

die Scheibe Brot

die Scheiben Brot (Pl.)

das Ei

die Eier (Pl.)

2 **Nummeriere.**

① der Tee   ② das Müsli   ③ die Milch

④ das Brötchen   ⑤ der Käse   ⑥ die Scheibe Brot

⑦ das Ei   ⑧ die Wurst   ⑨ das Brot

⑩ die Marmelade   ⑪ der Honig   ⑫ der Kakao

⑬ die Butter

 3 **Was fehlt? Lies und male.**

 Zum Frühstück esse ich Brötchen mit Butter und Marmelade. Ich trinke Tee.

 Ich esse eine Scheibe Brot mit Honig und ein Ei. Ich trinke Milch.

 Ich trinke Kakao und esse eine Scheibe Brot mit Käse.

 Zum Frühstück esse ich Müsli mit Milch und trinke Tee.

Was ich schon auf Deutsch kann

Ich kann Wörter für Wochentage nennen.

Ich kann die Wörter schreiben.

Ich kann Wörter für Obst nennen.

Ich kann Wörter für Obst mit Artikel schreiben.

👄 **Ich kann Wörter für Gemüse nennen.**

☐ ☐ ☐ ☐ ☐ ☐

☐ ☐ ☐ ☐ ☐ ☐

✏️ **Ich kann Wörter für Gemüse mit Artikel schreiben.**

✏️ **Ich kann Wörter zum Kapitel Frühstück nennen.**

☐ ☐ ☐ ☐ ☐ ☐ ☐

☐ ☐ ☐ ☐ ☐ ☐ ☐

✏️ **Ich kann die Wörter mit Artikel schreiben.**

Lösungen

Farben – Seiten 8/9

2
blau	grün
grau	braun
orange	rot
	schwarz

3 Orangen sind orange.
Bananen sind gelb.
Die Rose ist rot.
Schnee ist weiß.

Zahlen von 0 bis 10 – Seiten 10/11

2

5 2 10 9 8 7 1 4 3 6

3
vier

acht

sieben

4 eins + acht = neun
sechs – vier = zwei
drei – zwei = eins

Schulsachen – Seiten 12/13

2

3 Gib mit bitte den Radiergummi.
Gib mir bitte die Schere.
Gib mir bitte das Buch.

Kleidung – Seiten 14/15

2 die Socken
das Kleid
das T-Shirt
die Kappe
der Pullover
die Schuhe
der Schal

3 Wie findest du die Jeans?   Okay.
Wie findest du die Schuhe? Nicht so schön.

Körperteile – Seiten 18/19

2
	das Auge	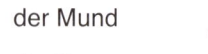	der Kopf
	der Mund		der Fuß
	die Nase		das Ohr
	die Augen		die Ohren
	die Füße		

3 Mein Knie tut weh.
Mein Hals tut weh.
Mein Ohr tut weh.
Mein Bauch tut weh.

Gefühle – Seiten 20/21

2

h	u	n	g	r	i	g	q	e	w
v	e	r	l	i	e	b	t	r	a
r	t	z	e	u	i	o	p	s	e
s	d	f	r	g	w	h	j	c	k
l	y	x	s	m	ü	d	e	h	c
v	d	b	c	n	t	m	q	r	w
e	u	r	h	t	e	z	t	o	u
i	r	o	ö	p	n	a	r	c	s
d	s	f	p	g	d	h	a	k	j
k	t	l	f	y	x	c	u	e	v
b	i	n	t	m	q	w	r	n	e
r	g	l	ü	c	k	l	i	c	h
b	e	l	e	i	d	i	g	t	r
t	z	u	i	o	p	a	s	d	f

3 Erol ist hungrig / erschrocken und glücklich /
durstig.
David ist erschöpft / verliebt und müde / wütend.
Diara und Amir sind traurig / verliebt.
Maria ist glücklich / beleidigt.
Max ist wütend / durstig.

Lösungen

Hobbys und Freizeit – Seiten 22/23

2

 Freunde treffen   Musik hören

 schwimmen   Fußball spielen

 Rad fahren   Gitarre spielen

 Skateboard fahren   Computerspiele spielen

lesen Ski fahren

3

Rad	Fußball
Freunde	Musik
Gitarre	schwimme
Skateboard	lese

Familie – Seiten 24/25

2

 der Vater   die Mutter

 die Schwester   der Bruder

 der Großvater   die Großmutter

3

```
              G         B
    V A T E R           R
              O         U
              ß         D
              M U T T E R
              U         R
  G R O ß V A T E R
              T
    S C H W E S T E R
              R
```

Wochentage – Seiten 28/29

2

Montag
Dienstag
Mittwoch
Donnerstag
Freitag
Samstag
Sonntag

Montag
Dienstag
Mittwoch
Donnerstag
Freitag
Samstag
Sonntag

3

Am Dienstag spiele ich Computerspiele.	ja	nein
Am Mittwoch treffe ich Freunde.	ja	nein
Am Donnerstag fahre ich Skateboard.	ja	nein
Am Samstag fahre ich Rad.	ja	nein
Am Sonntag fahre ich Rad.	ja	nein

Obst – Seiten 30/31

2

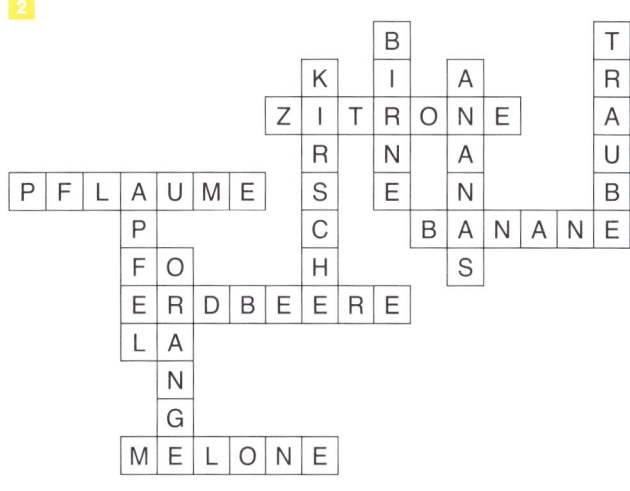

```
                        B             T
            K     I           A       R
        Z I T R O N E               A
            R     N           A       U
  P F L A U M E   S     E     N       B
        P         C           B A N A N E
        F O       H           S
        E R D B E E R E
        L A
          N
          G
        M E L O N E
```

Gemüse – Seiten 32/33

2 Für die Gemüsesuppe brauchen wir:
zwei Zwiebeln, vier Karotten, einen Brokkoli,
zwei Zucchini, fünf Kartoffeln und Salz.

3 Amir mag Brokkoli.
Erol mag Paprika.
Amelie mag Tomaten.
Elke mag Pilze.
Samira mag Gurken.

Frühstück – Seiten 34/35

2

3

Farben
die Far|be, die Farben
weiß
gelb
orange
rot
ro|sa
li|la
grün
blau
braun
grau
schwarz

Zahlen von 0 bis 10
die Zahl, die Zahlen
null
eins
zwei
drei
vier
fünf
sechs
sie|ben
acht
neun
zehn

Schulsachen
die Schul|ta|sche,
   die Schultaschen
der Schnell|hef|ter,
   die Schnellhefter
das Buch, die Bücher
das Mäpp|chen, die Mäppchen
das Heft, die Hefte
der Kle|ber, die Kleber
der Blei|stift, die Bleistifte
das Li|ne|al, die Lineale
der Fül|ler, die Füller
die Sche|re, die Scheren
der Ra|dier|gum|mi,
   die Radiergummis
der Com|pu|ter, die Computer

Kleidung
die Jeans
die So|cke, die Socken
das T-Shirt, die T-Shirts
die Müt|ze, die Mützen
der Pul|lo|ver, die Pullover
die Shorts
das Kleid, die Kleider
der Schal, die Schals
die Ho|se, die Hosen
die Ja|cke, die Jacken

der Schuh, die Schuhe
die Kap|pe, die Kappen

Körperteile
der Kopf, die Köpfe
der Bauch, die Bäuche
das Ohr, die Ohren
die Hand, die Hände
die Na|se, die Nasen
der Fin|ger, die Finger
der Mund, die Münder
das Bein, die Beine
der Hals, die Hälse
der Fuß, die Füße
der Arm, die Arme
das Knie, die Knie

Gefühle
glück|lich
ver|liebt
er|schro|cken
hung|rig
trau|rig
durs|tig
mü|de
be|lei|digt
er|schöpft
wü|tend

Hobbys und Freizeit
Rad fah|ren
schwim|men
Com|pu|ter|spie|le spie|len
Skate|board fah|ren
Fuß|ball spie|len
Gi|tar|re spie|len
Mu|sik hö|ren
le|sen
Ski fah|ren
Freun|de tref|fen

Familie
die Fa|mi|lie, die Familien
der Va|ter, die Väter
der Groß|va|ter, die Großväter
die Mut|ter, die Mütter
die Groß|mut|ter, die Großmütter
der Bru|der, die Brüder
die Groß|el|tern
die El|tern
die Schwes|ter, die Schwestern

Wochentage
die Wo|che, die Wochen
der Mon|tag, die Montage
der Diens|tag, die Dienstage

der Mitt|woch, die Mittwoche
der Don|ners|tag,
   die Donnerstage
der Frei|tag, die Freitage
der Sams|tag, die Samstage
der Sonn|tag, die Sonntage
das Wo|chen|en|de,
   die Wochenenden

Obst
das Obst
die Erd|bee|re, die Erdbeeren
der Ap|fel, die Äpfel
die Trau|be, die Trauben
die Bir|ne, die Birnen
die Ana|nas, die Ananas
die Kir|sche, die Kirschen
die Me|lo|ne, die Melonen
die Oran|ge, die Orangen
die Ba|na|ne, die Bananen
die Pflau|me, die Pflaumen
die Zi|tro|ne, die Zitronen

Gemüse
das Ge|mü|se
die To|ma|te, die Tomaten
der Sa|lat, die Salate
die Erb|se, die Erbsen
die Ka|rot|te, die Karotten
die Zuc|chi|ni, die Zucchini
die Gur|ke, die Gurken
der Pilz, die Pilze
die Pa|pri|ka, die Paprika
der Brok|ko|li, die Brokkoli
die Zwie|bel, die Zwiebeln
die Kar|tof|fel, die Kartoffeln

Frühstück
das Früh|stück
die But|ter
der Tee
die Wurst
der Ka|kao
der Kä|se
die Milch
der Ho|nig
das Bröt|chen, die Brötchen
die Mar|me|la|de,
   die Marmeladen
das Brot, die Brote
das Müs|li, die Müslis
die Schei|be Brot,
   die Scheiben Brot
das Ei, die Eier